Impressum
Verlag: BABADADA GmbH, Nedderfeld 112 , 22529 Hamburg
Geschäftsführer / Verlagsleitung: Harald Hof
Druck: Books on Demand GmbH, In de Tarpen 42, 22848 Norderstedt

Imprint
Publisher: BABADADA GmbH, Nedderfeld 112 , 22529 Hamburg, Germany
Managing Director / Publishing direction: Harald Hof
Print: Books on Demand GmbH, In de Tarpen 42, 22848 Norderstedt, Germany

المدرسة

Šola

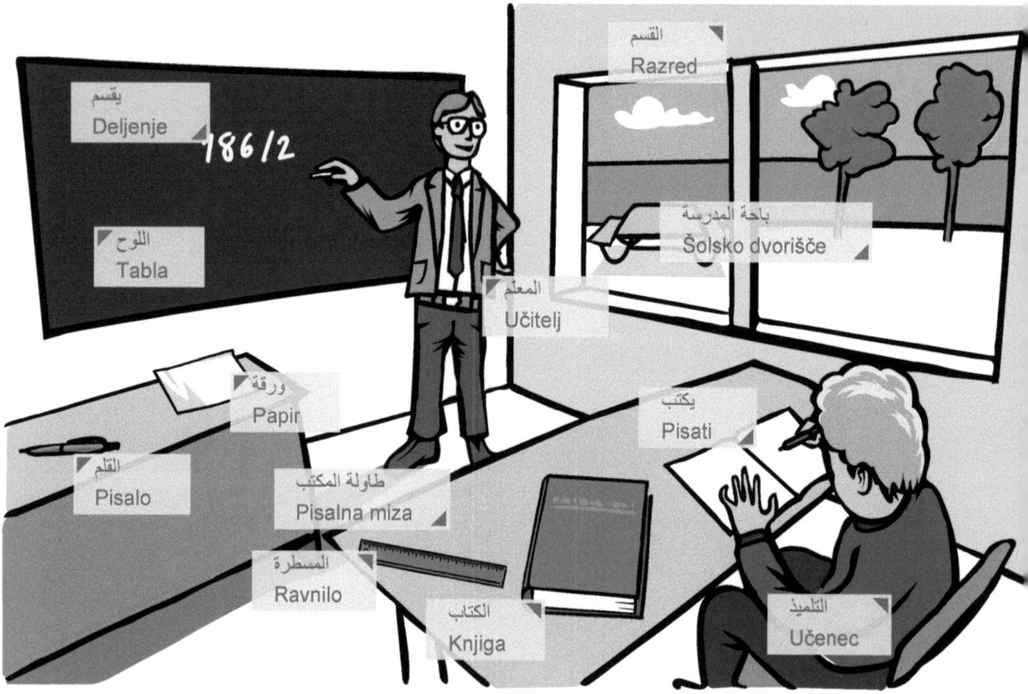

القسم
Razred
يقسم
Deljenje
186/2
اللوح
Tabla
باحة المدرسة
Šolsko dvorišče
المعلّم
Učitelj
ورقة
Papir
يكتب
Pisati
القلم
Pisalo
طاولة المكتب
Pisalna miza
المسطرة
Ravnilo
الكتاب
Knjiga
التلميذ
Učenec

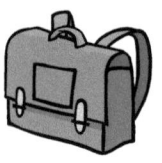

الحقيبة المدرسية

Šolska torba

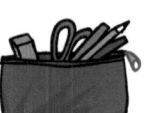

المقلمة

Peresnica

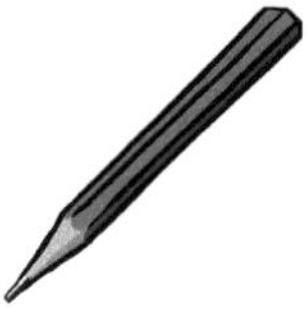

قلم الرصاص

Svinčnik

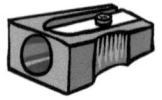

البرّاية

Šilček

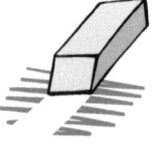

المِمحاة

Radirka

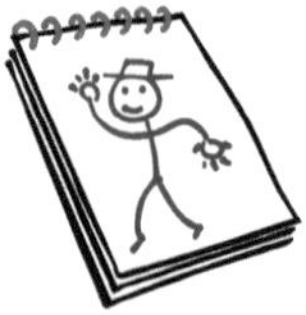

دفتر الرسم

Risalni blok

الرسمة

Risba

الفرشاة

Čopič

علبة التلوين

Vodene barvice

المقص

Škarje

المادة اللاصقة

Lepilo

دفتر التمارين

Zvezek

الواجب المدرسي

Domača naloga

الرقم

Število

2+2

يجمع

Seštevanje

5-2

يطرح

Odštevanje

يضرب

Množenje

يحسب

Računanje

A

الحرف

Črka

ABCDEFG
HIJKLMN
OPQRSTU
VWXYZ

الأبجدية

Abeceda

كلمة

Beseda

النص

Besedilo

يقرأ

Brati

الطبشور

Kreda

الحصة

Učna ura

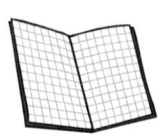

دفتر الدوام المدرسي

Redovalnica

الامتحان

Preizkus znanja

شهادة

Spričevalo

اللباس المدرسي

Šolska uniforma

التعليم

Izobrazba

الموسوعة

Enciklopedija

الجامعة

Univerza

المجهر

Mikroskop

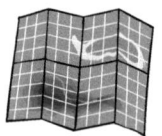

الخريطة

Zemljevid

قماما

Koš za smeti

سفر
Potovanje

فندق
Hotel
Grand
بيت الشباب
Hostel
ROOMS
مكتب صرافة
Menjalnica
حقيبة
Kovček
سيارة
Avtomobil

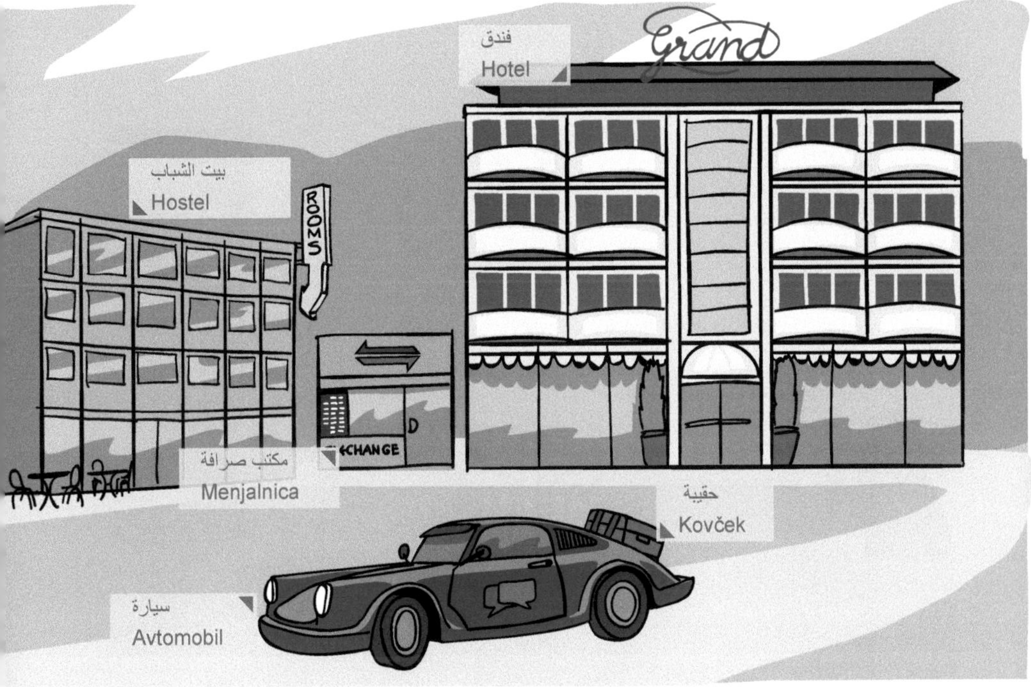

اللغة

Jezik

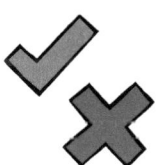

نعم / لا

da / ne

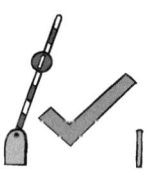

حسناً

Prav

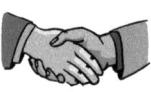

مرحباً

Pozdravljeni

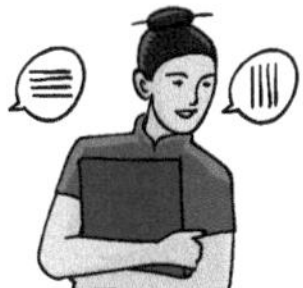

مترجم

Prevajalec

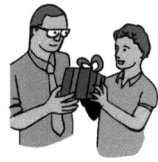

شكراً

Hvala

كم ثمن ... ؟

Koliko stane...?

لا أفهم

Ne razumem

مشكلة

Težava

مساء الخير

Dober večer!

صباح الخير!

Dobro jutro!

ليلة سعيدة

Lahko noč!

إلى اللقاء

Nasvidenje

اتجاه

Smer

أمتعة السفر

Prtljaga

حقيبة

Torba

حقيبة ظهر

Nahrbtnik

ضيف

Gost

غرفة

Soba

كيس للنوم

Spalna vreča

خيمة

Šotor

استعلامات سياحية

Turistične informacije

شاطئ

Plaža

بطاقة انتمان

Kreditna kartica

إفطار

Zajtrk

طعام الغداء

Kosilo

العشاء

Večerja

بطاقة سفر

Vozovnica

مصعد

Dvigalo

طابع بريدي

Znamka

حدود

Meja

الجمارك

Carina

سفارة

Veleposlaništvo

تأشيرة

Vizum

جواز سفر

Potni list

نقل
Prevoz

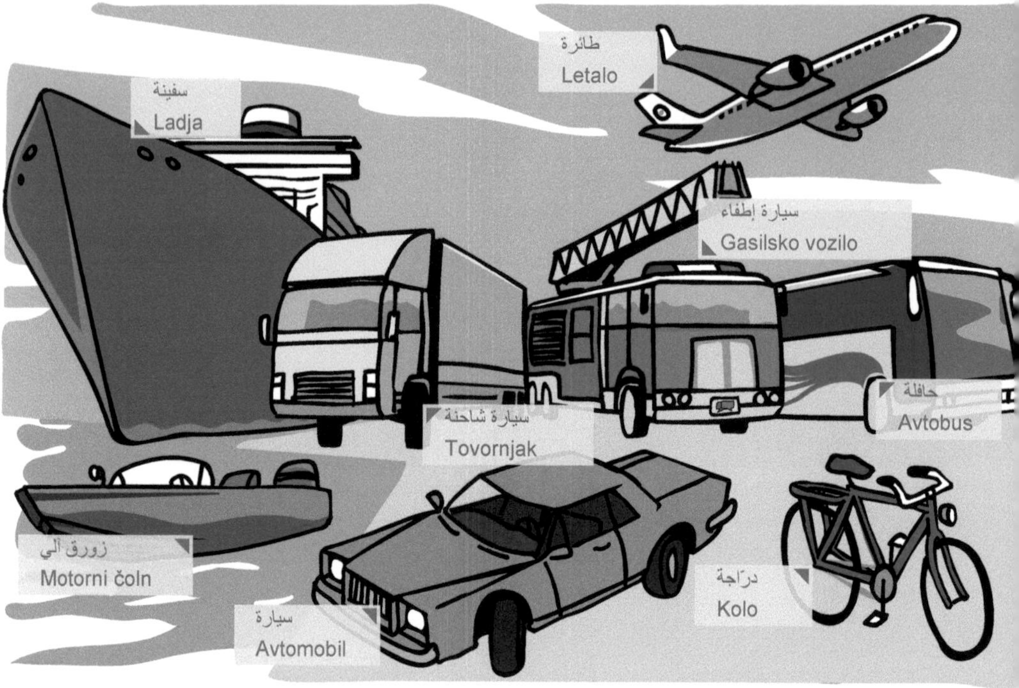

طائرة
Letalo
سفينة
Ladja
سيارة إطفاء
Gasilsko vozilo
حافلة
Avtobus
سيارة شاحنة
Tovornjak
زورق آلي
Motorni čoln
درّاجة
Kolo
سيارة
Avtomobil

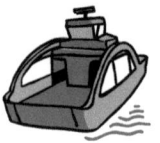

عبارة

Trajekt

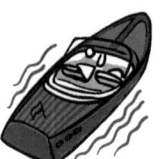

قارب

Čoln

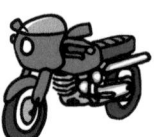

دراجة نارية

Motorno kolo

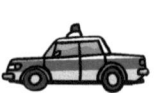

سيارة شرطة

Policijski avto

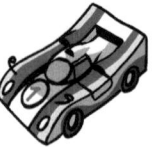

سيارة سباق

Dirkalni avto

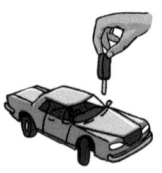

سيارة مستأجرة

Najeto vozilo

أسلوب تشاركي في استئجار السيارات

Souporaba avtomobila

سيارة للجر

Avtovleka

سيارة نقل القمامة

Smetarsko vozilo

محرك

Motor

وقود

Gorivo

محطة وقود

Bencinska postaja

إشارة مرور

Prometni znak

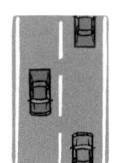

حركة السير

Promet

ازدحام سير

Zastoj

موقف سيارات

Parkirišče

محطة قطار

Železniška postaja

سكك حديدية

Tirnice

قطار

Vlak

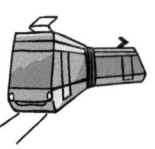

ترام

Tramvaj

عربة قطار

Vagon

طائرة مروحية

Helikopter

مطار

Letališče

برج

Stolp

مسافر

Potnik

حاوية

Kontejner

علبة كرتون

Karton

عربة يد

Voziček

سلّة

Košara

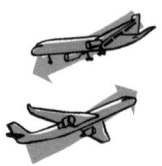

يقلع / يهبط

vzleteti / pristati

قرية

Vas

مركز المدينة

Mestno jedro

بيت

Hiša

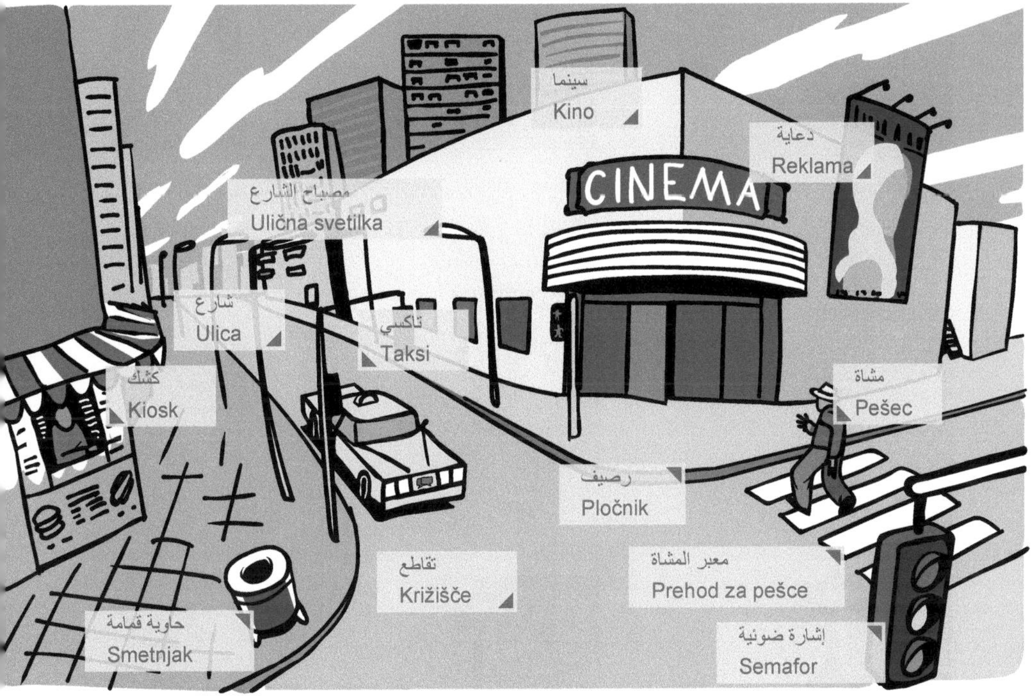

سينما
Kino
دعاية
Reklama
CINEMA
مصباح الشارع
Ulična svetilka
شارع
Ulica
تاكسي
Taksi
كشك
Kiosk
مشاة
Pešec
رصيف
Pločnik
تقاطع
Križišče
معبر المشاة
Prehod za pešce
حاوية قمامة
Smetnjak
إشارة ضوئية
Semafor

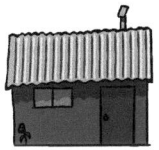

كوخ

Koča

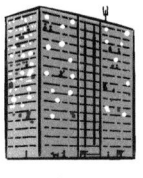

شقة

Stanovanje

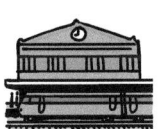

محطة قطار

Železniška postaja

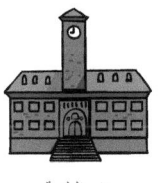

دار البلدية

Mestna hiša

MUSEUM

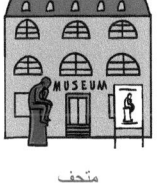

متحف

Muzej

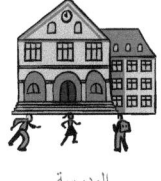

المدرسة

Šola

الجامعة

Univerza

مصرف

Banka

المستشفى

Bolnišnica

فندق

Hotel

صيدلية

Lekarna

مكتب

Pisarna

مكتبة

Knjigarna

متجر

Trgovina

محل لبيع الزهور

Cvetličarna

سوبرماركت

Supermarket

سوق

Tržnica

متجر كبير

Veleblagovnica

تاجر السمك

Ribarnica

مركز تسوّق

Nakupovalno središče

ميناء

Pristanišče

حديقة عامة

Park

مقعد

Klop

جسر

Most

درج، سلم

Stopnice

مترو

Podzemna železnica

نفق

Predor

موقف حافلات

Avtobusno postajališče

بار

Bar

مطعم

Restavracija

صندوق البريد

Poštni nabiralnik

لافتة باسم الشارع

Ulična tabla

مقياس زمن الوقوف

Parkirna ura

حديقة حيوانات

Živalski vrt

مسبح

Kopališče

مسجد

Mošeja

مزرعة

Kmetija

تلوث البيئة

Onesnaževanje

مقبرة

Pokopališče

كنيسة

Cerkev

ملعب الأطفال

Otroško igrišče

معبد

Tempelj

طبيعة ريفية

Pokrajina

ورقة
List

علامة إرشاد
Kažipot

طريق
Pot

مرج
Travnik

حجر
Kamen

شجرة
Drevo

رحّالة
Pohodnik

نهر
Reka

عشب
Trava

زهرة
Cvetlica

وادٍ
Dolina

جبل
Hrib

بحيرة
Jezero

غابة
Gozd

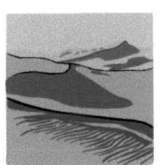

صحراء
Puščava

بركان
Vulkan

قلعة
Grad

قوس قزح
Mavrica

فطر
Goba

نخلة
Palma

بعوض
Komar

ذبّانة
Muha

نملة
Mravlja

نحلة
Čebela

عنكبوت
Pajek

خنفساء

Hrošč

ضفدعة

Žaba

سنجاب

Veverica

قنفذ

Jež

أرنب

Zajec

بومة

Sova

عصفور

Ptič

بجعة

Labod

خنزير برّي

Divji prašič

غزال

Jelen

إلكة

Los

سد

Jez

دولاب الطاحونة الهوائية

Vetrnica

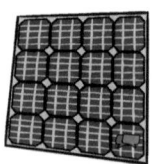

خلية شمسية

Solarna plošča

مناخ

Podnebje

مطعم

Restavracija

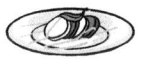

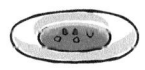

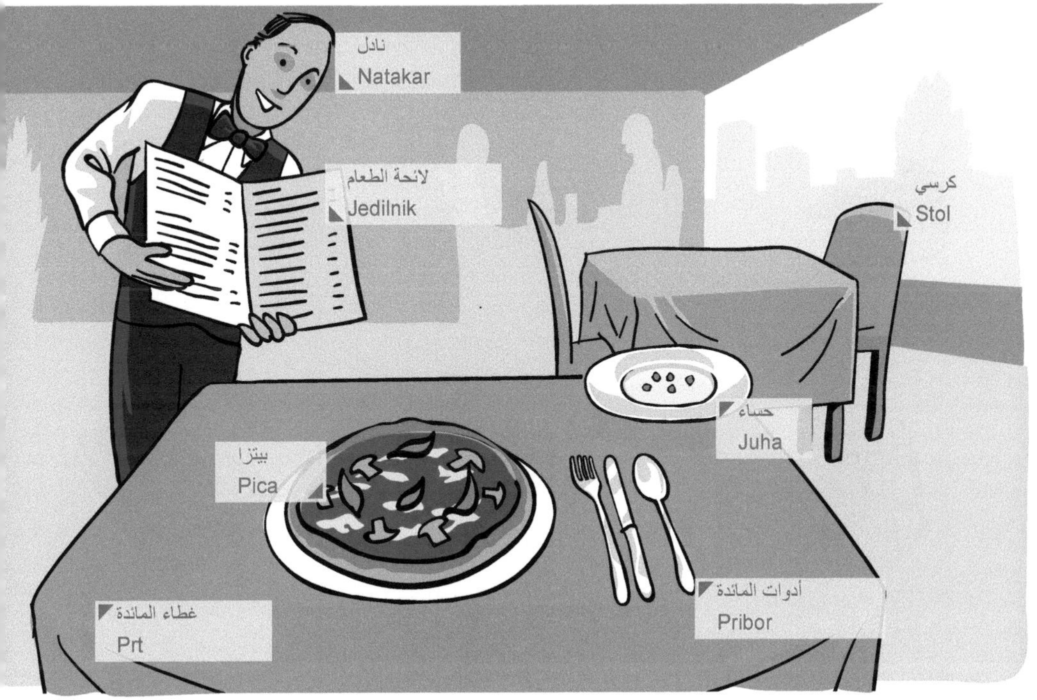

نادل
Natakar
لائحة الطعام
Jedilnik
كرسي
Stol
حساء
Juha
بيتزا
Pica
أدوات المائدة
Pribor
غطاء المائدة
Prt

مقبلات

Predjed

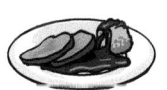

الصحن الرئيسي

Glavna jed

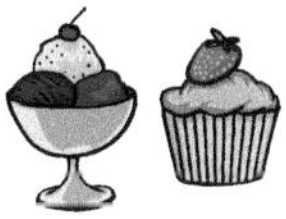

حلوى أو فاكهة بعد الطعام

Sladica

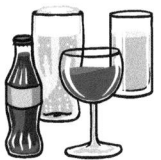

مشروبات

Pijače

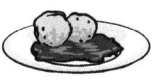

طعام

Hrana

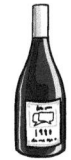

زجاجة

Steklenica

وجبات سريعة

Hitra hrana

طعام الشارع

Ulična hrana

إبريق الشاي

Čajnik

علبة السكر

Sladkornica

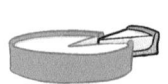

حصّة

Porcija

آلة الإسبريسو

Aparat za espresso

كرسي عالٍ

Stolček za hranjenje

فاتورة

Račun

صينية

Pladenj

سكين

Nož

شوكة

Vilica

ملعقة

Žlica

ملعقة الشاي

Čajna žlička

منديل المائدة

Servieta

كأس

Kozarec

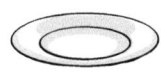

صحن

Krožnik

صحن الحساء

Globoki krožnik

صحن الفنجان

Krožniček

صلصة

Omaka

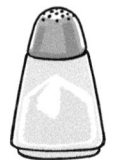

مملحة

Solnica

مطحنة الفلفل

Mlinček za poper

خلّ

Kis

زيت الطعام

Olje

توابل

Začimbe

كنشاب

Kečap

خردل

Gorčica

مايونيز

Majoneza

سوبرماركت
Supermarket

عرض خاص
Posebna ponudba
FOR
زبون
Stranka
مشتقات الحليب
Mlečni izdelki
فواكه
Sadje
عربة تسوق
Nakupovalni voziček

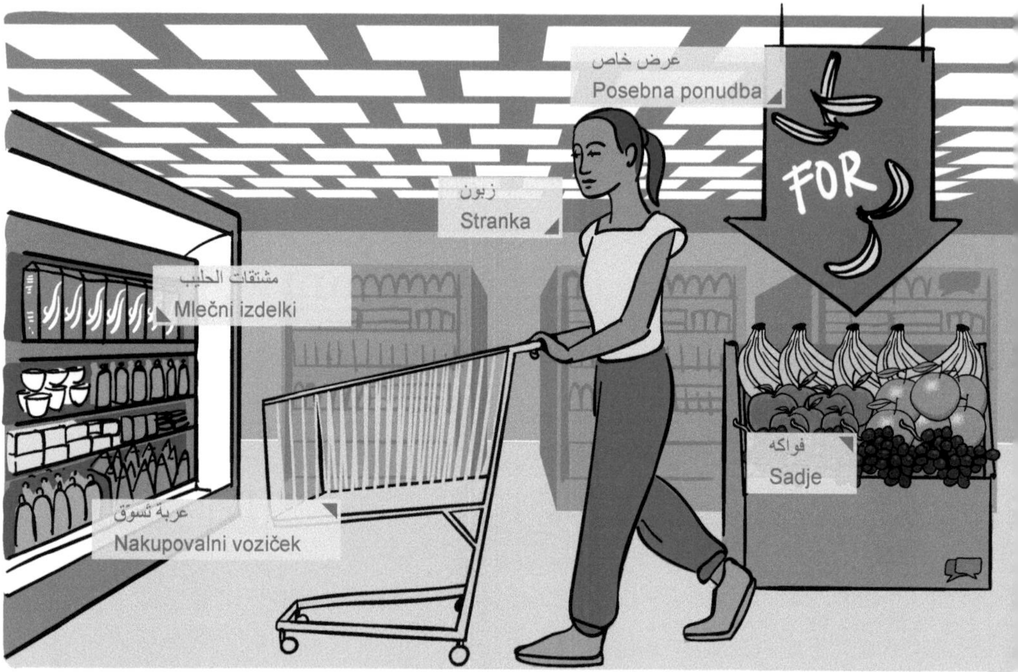

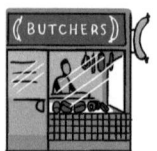

BUTCHERS

جزّار

Mesnica

BAKERY

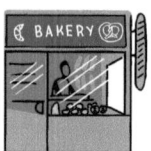

مخبز

Pekarna

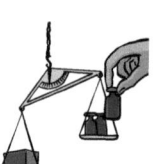

يزن

Tehtati

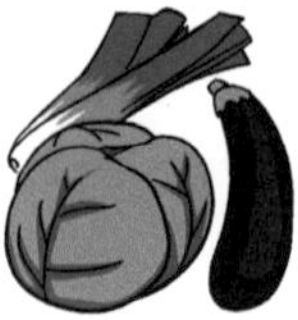

خضار

Zelenjava

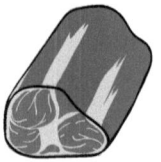

لحم

Meso

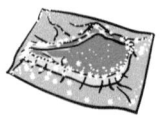

المأكولات المجمّدة

Zamrznjena hrana

مرتدلا أو جبن

Hladne mesnine

معلبات

Konzerve

مسحوق الغسيل

Pralni prašek

حلويات

Sladkarije

المواد المنزلية

Gospodinjski izdelki

منظّفات

Čistilno sredstvo

بائعة

Prodajalka

صندوق الحساب

Blagajna

أمين صندوق

Blagajnik

قائمة المشتريات

Nakupovalni seznam

أوقات العمل

Delovni čas

محفظة النقود

Denarnica

بطاقة ائتمان

Kreditna kartica

حقيبة

Torba

كيس بلاستيكي

Plastična vrečka

ماء

Voda

عصير

Sok

حليب

Mleko

كولا

Kola

نبيذ

Vino

بيرة

Pivo

كحول

Alkohol

كاكاو

Kakav

شاي

Čaj

قهوة

Kava

قهوة إسبريسو

Espresso

كابوتشينو

Kapučino

موزة

Banana

تفاح

Jabolko

برتقال

Pomaranča

بطيخ

Lubenica

ليمون

Limona

جزرة

Korenje

ثوم

Česen

خيزران

Bambus

بصل

Čebula

فطر

Goba

لوزيات

Oreščki

شعيرية

Rezanci

سباغيتي

Špageti

أرزّ

Riž

سلطة

Solata

بطاطا مقلية

Ocvrt krompirček

بطاطا مقلية

Pečen krompir

بيتزا

Pica

هامبورغر

Hamburger

ساندويش

Sendvič

شريحة لحم مقلية

Zrezek

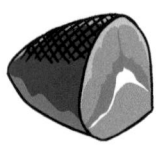

لحم خنزير

Šunka

سلامي

Salama

سجق

Klobasa

دجاج

Piščanec

لحم محمر

Pečenka

سمك

Riba

دقيق الشوفان

Ovseni kosmiči

موسلي

Musli

كورن فلكس

Koruzni kosmiči

طحين

Moka

كرواسان

Rogljiček

خبز صغير

Žemlja

خبز

Kruh

خبز محمص

Prepečenec

بسكويت

Piškoti

زبدة

Maslo

لبن زبادي

Skuta

كعكة

Torta

بيضة

Jajce

بيض مقلي

Pečeno jajce na oko

جبنة

Sir

مثلجات

Sladoled

سكر

Sladkor

عسل

Med

مربّى الفاكهة

Marmelada

كريم النوغا

Čokoladni namaz

الكاري

Kari

مزرعة

Kmetija

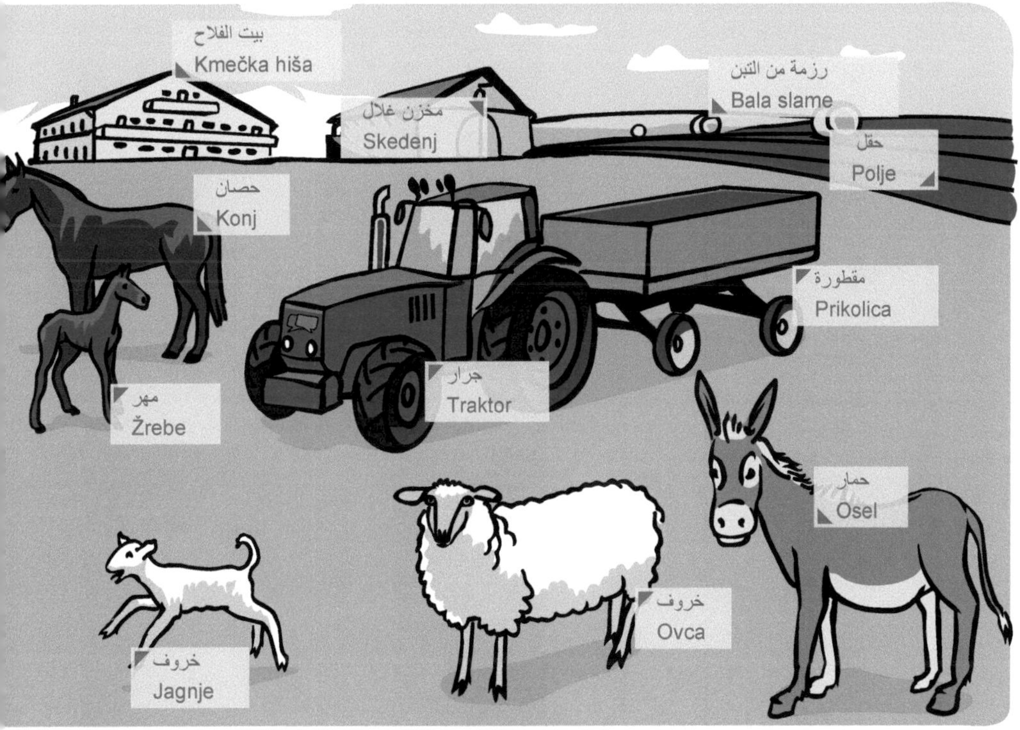

بيت الفلاح
Kmečka hiša
مخزن غلال
Skedenj
رزمة من التبن
Bala slame
حقل
Polje
حصان
Konj
مقطورة
Prikolica
جرار
Traktor
مهر
Žrebe
حمار
Osel
خروف
Ovca
خروف
Jagnje

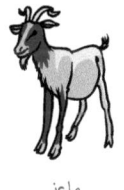

ماعز

Koza

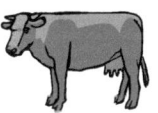

بقرة

Krava

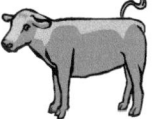

عجل

Tele

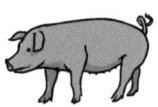

خنزير

Prašič

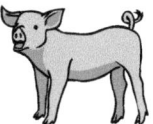

خنزير صغير

Pujsek

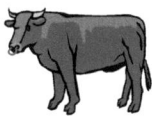

ثور

Bik

إوزّة

Gos

بطة

Raca

صوص

Piščanec

دجاجة

Kokoš

ديك

Petelin

جرذ

Podgana

قطّة

Mačka

فأر

Miš

ثور

Vol

كلب

Pes

كوخ الكلب

Pasja uta

خرطوم الحديقة

Cev za zalivanje

إبريق

Kangla za zalivanje

منجل

Kosa

المحراث

Plug

منجل
....
Srp

معزقة
....
Motika

مذراة الزبل
....
Vile

بلطة
....
Sekira

عربة يد
....
Samokolnica

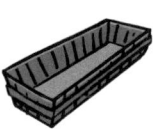

معلف
....
Korito

صفيحة الحليب
....
Kangla za mleko

كيس
....
Vreča

سياج
....
Ograja

اصطبل
....
Hlev

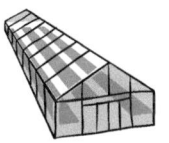

دفينة
....
Rastlinjak

تربة
....
Prst

بذور
....
Seme

سماد
....
Gnojilo

حصّادة درّاسة
....
Kombajn

يحصد

Žeti

محصول

Žetev

بطاطا يامس

Jam

قمح

Pšenica

صويا

Soja

بطاطا

Krompir

ذرة

Koruza

سلجم

Oljna ogrščica

شجرة فاكهة

Sadno drevo

نبات منيهوت

Maniok

الحبوب

Žito

بيت

Hiša

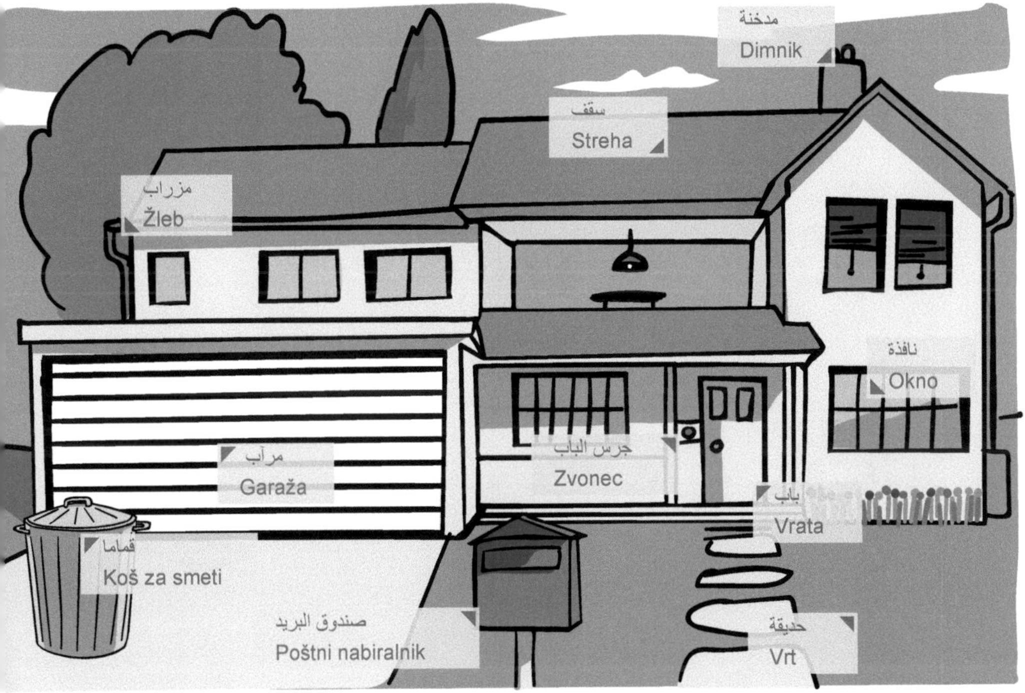

مدخنة
Dimnik
سقف
Streha
مزراب
Žleb
نافذة
Okno
مرآب
Garaža
جرس الباب
Zvonec
باب
Vrata
قمامة
Koš za smeti
صندوق البريد
Poštni nabiralnik
حديقة
Vrt

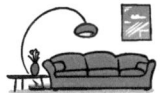

غرفة جلوس

Dnevna soba

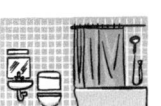

الحمّام

Kopalnica

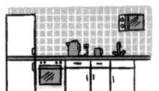

مطبخ

Kuhinja

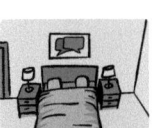

غرفة النوم

Spalnica

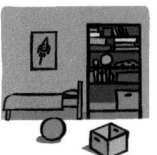

غرفة الأطفال

Otroška soba

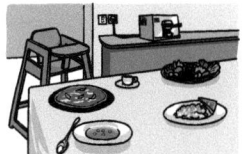

غرفة الطعام

Jedilnica

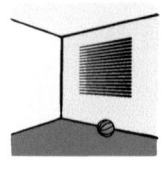

أرضية
Tla

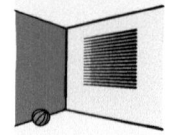

حائط
Stena

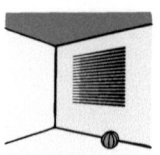

سقف
Strop

قبو
Klet

ساونا
Savna

بلكون
Balkon

شرفة
Terasa

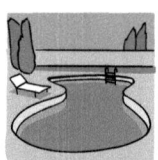

مسبح
Bazen

جزّازة العشب
Kosilnica

بياضات السرير
Rjuha

بطانية
Posteljno pregrinjalo

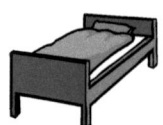

سرير
Postelja

مكنسة
Metla

سطل
Vedro

مفتاح كهربائي
Stikalo

غرفة جلوس

Dnevna soba

ورق جدران
Tapeta
صورة
Slika
مصباح كهربائي
Svetilka
رف
Polica
خزانة
Omara
تلفزيون
Televizor
موقد مفتوح
Kamin
زهرة
Cvetlica
وسادة
Blazina
كنبة
Zofa
مزهرية
Vaza
تحكم عن بعد
Daljinski upravljalnik

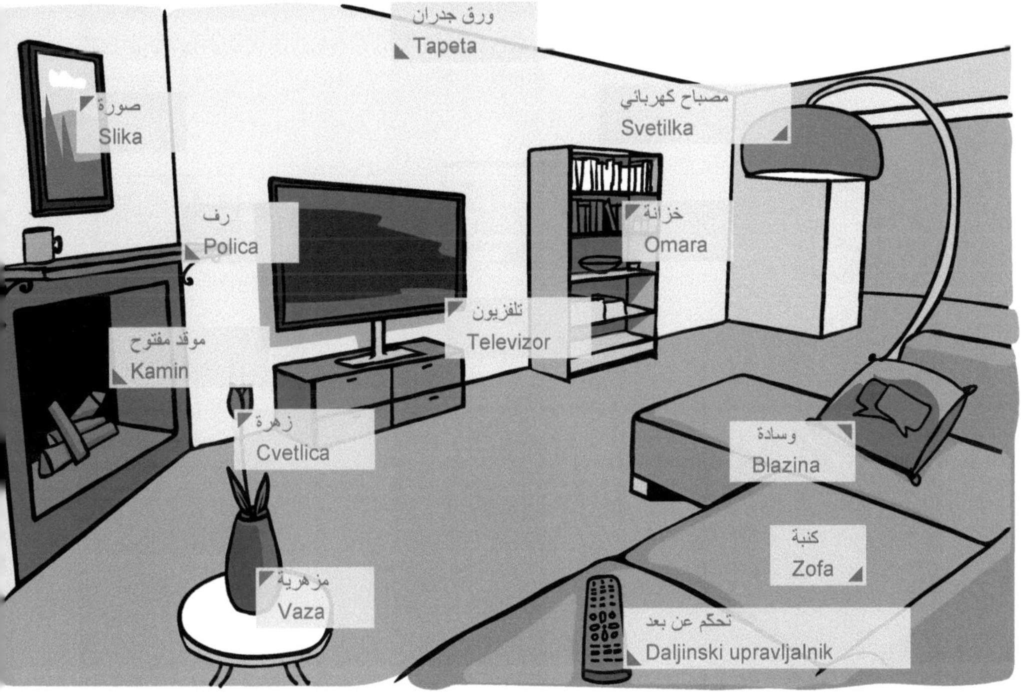

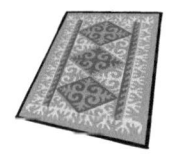

بصاط

Preproga

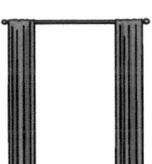

ستارة

Zavesa

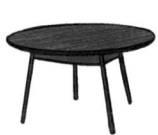

طاولة

Miza

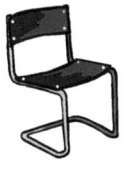

كرسي

Stol

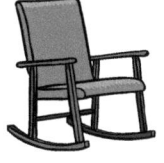

كرسي هزّاز

Gugalnik

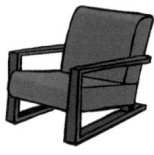

كرسي ذو ذراعين

Naslanjač

الكتاب

Knjiga

بطانية

Odeja

زخرفة

Dekoracija

الحطب

Drva

فيلم

Film

تجهيزات ستيريو

Glasbeni stolp

مفتاح

Ključ

جريدة

Časopis

لوحة مرسومة

Slika

مُلصق

Plakat

راديو

Radio

دفتر ملاحظات

Beležka

المكنسة الكهربائية

Sesalnik

صبّار

Kaktus

شمعة

Sveča

مطبخ
Kuhinja

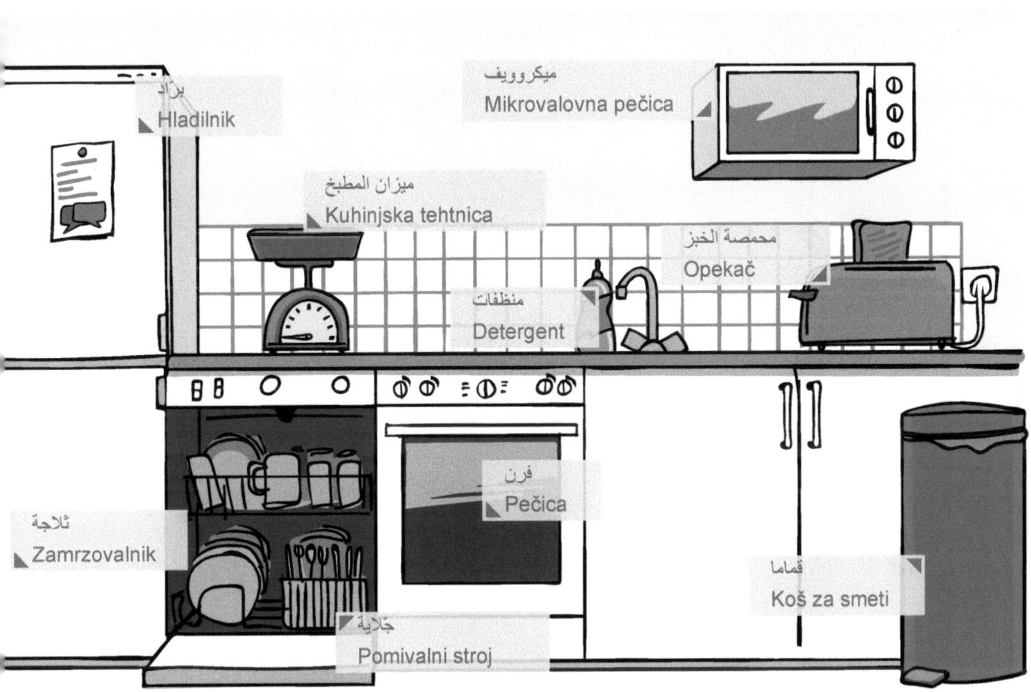
برّاد
Hladilnik
ميكروويف
Mikrovalovna pečica
ميزان المطبخ
Kuhinjska tehtnica
محمصة الخبز
Opekač
منظفات
Detergent
فرن
Pečica
ثلاجة
Zamrzovalnik
قماما
Koš za smeti
جَلاية
Pomivalni stroj

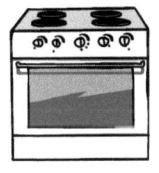

موقد

Kozica

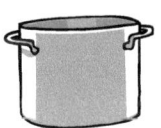

قِدر

Lonec

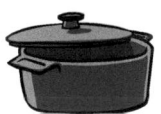

وعاء من الحديد

Litoželezni lonec

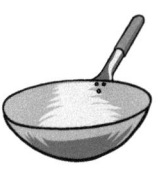

قدر صيني

Vok / kadai

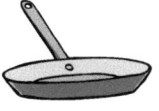

مقلاة

Ponev

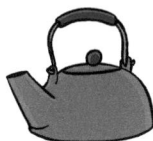

غلاية

Kotliček

قدر البخار

Parni kuhalnik

صينية

Pekač

أواني

Posoda

فنجان

Skodelica

صحن

Skleda

عيدان الأكل

Jedilne paličice

مغرفة

Zajemalka

ملعقة منبسطة

Lopatica

خفاقة

Metlica

مصفاة

Cedilnik

مصفاة

Cedilo

مبشرة

Strgalo

هاون

Možnar

شواء

Žar

موقد

Ognjišče

لوح التقطيع

Deska za rezanje

نشّابة

Valjar

مفتاح الزجاجات

Odpirač za steklenice

علبة

Pločevinka

مفتاح العلب المعدنية

Odpirač za konzerve

قماش الفرن

Prijemalka za posodo

مجلى

Korito

فرشاة

Ščetka

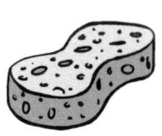

إسفنج

Goba

خلاط

Mešalnik

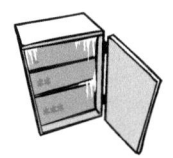

مجمّدة

Zamrzovalna skrinja

زجاجة الطفل

Steklenička

صنبور الماء

Pipa

Kopalnica

دوش
Prha

تدفئة
Ogrevanje

منشفة
Brisača

ستارة الدوش
Zavesa za prho

حمام رغوة
Peneča kopel

حوض الحمام
Kopalna kad

كأس
Kozarec

غسّالة
Pralni stroj

بلاط
Ploščice

صنبور الماء
Pipa

قفازات مطاطية
Kahlica

مجلى
Korito

حمام
Stranišče

مرحاض القرفصاء
Stranišče na počep

حوض التشطيف
Bide

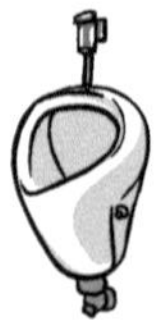

مبولة
Pisoar

ورق المرحاض
Toaletni papir

فرشاة الحمام
Ščetka za straniščno školjko

فرشاة الأسنان

Zobna ščetka

معجون الأسنان

Zobna pasta

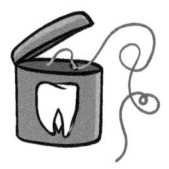

خيط حرير لتنظيف الأسنان

Zobna nitka

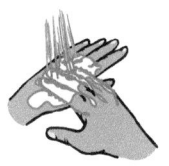

يغسل

Umiti se

رشاش ماء يدوي

Ročna prha

شطاف

Prha za intimne dele

حوض الغسيل

Umivalnik

فرشاة الظهر

Krtača za hrbet

صابون

Milo

جيل الدوش

Gel za prhanje

شامبو

Šampon

ممسحة

Krpica za miljenje

مصرف للماء

Odtok

مرهم

Krema

مزيل الروائح

Deodorant

مرآة

Ogledalo

مرآة يد

Ročno ogledalo

موس حلاقة

Britvica

رغوة الحلاقة

Pena za britje

كولونيا

Vodica po britju

مشط

Glavnik

فرشاة

Ščetka

سشوار

Sušilnik za lase

مثبت للشعر

Lak za lase

ماكياج

Ličila

روج

Šminka

طلاء أظافر

Lak za nohte

قطن

Vatirane blazinice

مقص أظافر

Škarjice za nohte

عطر

Parfum

سلّة الغسيل

Toaletna torbica

مقعد صغير

Stol brez naslonjala

ميزان

Osebna tehtnica

معطف الحمام

Kopalni plašč

قفازات مطاطية

Gumijaste rokavice

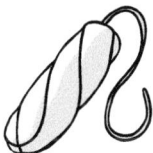

سدادة قطنية

Tampon

منشفة صحية

Damski vložki

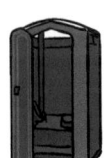

تواليت كيميائية

Kemično stranišče

Otroška soba

الحيوانات المحنطة منبه
Budilka

الحيوانات المحنطة
Plišasta igrača

سيارة لعبة
Avtomobilček

بيت الدمى
Hiška za punčke

خشخشة
Ropotuljica

هدية
Darilo

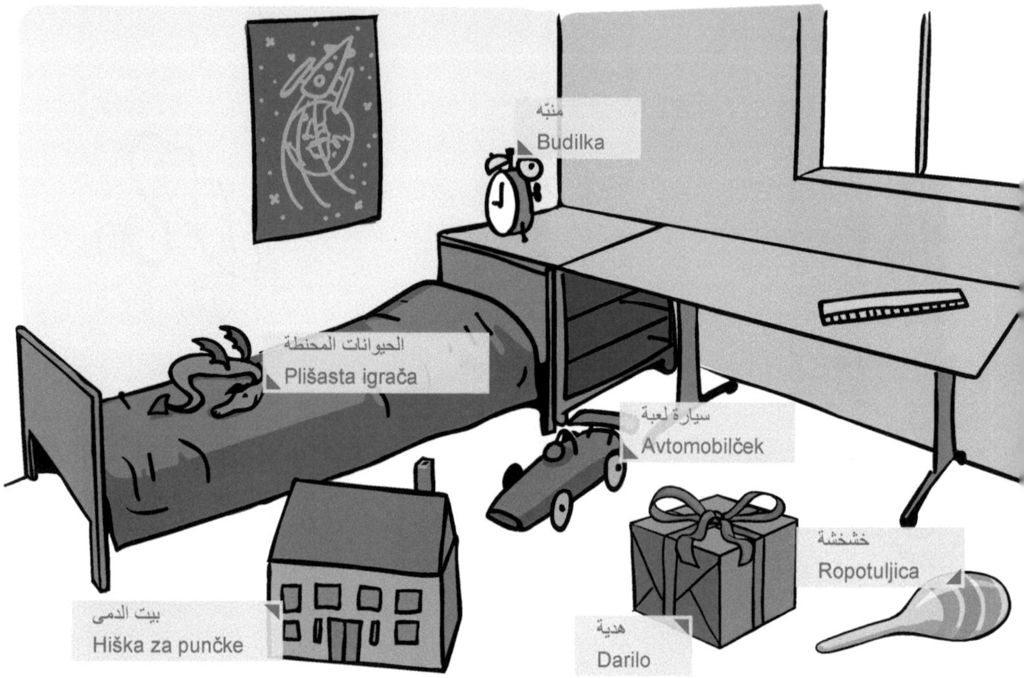

بالون

Balon

سرير

Postelja

عربة الأطفال

Otroški voziček

لعبة الورق

Igralne karte

أحجية

Sestavljanka

رسوم هزلية

Strip

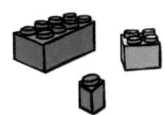

أحجار الليغو

Lego kocke

حجارة تركيب

Igralne kocke

دمية بطل

Akcijska figura

لباس الطفل

Bodi

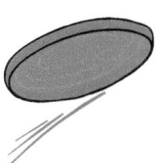

فريسبي

Frizbi

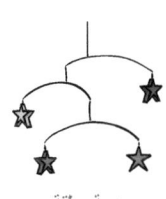

دمية معلقة

Vrtiljak za posteljico

لعبة الطاولة

Namizna igra

لعبة النرد

Kocka

لعبة قطار

Komplet modelov vlakov

مصّاصة

Duda

حفلة

Zabava

كتاب مصوّر

Slikanica

كرة

Žoga

دمية

Lutka

يلعب

Igrati se

ملعب رملي للأطفال

Peskovnik

أرجوحة

Gugalnica

لعبة

Igrače

ألعاب فيديو

Igralna konzola

دراجة ثلاثية

Tricikel

دمية على شكل الدب

Plišasti medvedek

خزانة الثياب

Garderoba

ثياب

Oblačilo

جوارب قصيرة

Nogavice

جوارب طويلة

Samostoječe nogavice

جورب بنطلون

Hlačne nogavice

شال
Šal

شمسية
Dežnik

تي شيرت
Majica s kratkimi rokavi

حزام
Pas

حذاء شتوي
Škornji

شبشب
Copati

أحذية رياضية
Športni copati

صندل
....
Sandali

حذاء
....
Čevlji

جزمة كاوتشوك
....
Gumijasti škornji

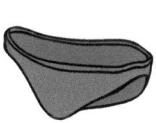

سروال داخلي
....
Spodnje hlače

صدّارة
....
Modrček

قميص داخلي
....
Telovnik

لباس ملاصق للجسم

Bodi

بنطلون

Hlače

جينز

Kavbojke

تنورة

Krilo

بلوزة

Bluza

قميص

Srajca

سترة قطنية

Pulover

كنزة كم طويل

Pletena jopica

سترة فضفاضة

Jopa

سترة

Jakna

معطف

Plašč

معطف مطري

Dežni plašč

زي - طقم نسائي

Kostim

ثوب

Obleka

ثوب الزفاف

Poročna obleka

طقم

Obleka

قميص نوم

Spalna srajca

بيجاما

Pižama

ساري

Sari

حجاب

Naglavna ruta

عمامة

Turban

برقع

Burka

قفطان

Kaftan

عباءة

Abaja

مايوه

Kopalke

سروال سباحة

Kopalne hlače

شرت

Kratke hlače

بدلة رياضية

Trenirka

منزر

Predpasnik

ققازات

Rokavice

زر

Gumb

نظّارة

Očala

إسوارة

Zapestnica

عقّد

Verižica

خاتم

Prstan

قرط

Uhan

طاقيّة

Kapa

علاقة ثياب

Obešalnik

قبّعة

Klobuk

ربطة العنق

Kravata

سحّاب

Zadrga

خوذة

Čelada

حمّالة البنطلون

Naramnice

اللباس المدرسي

Šolska uniforma

زي موحّد

Uniforma

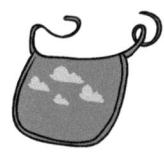

مريلة الأطفال

Slinček

مصّاصة

Duda

لفافة

Plenica

مكتب
Pisarna

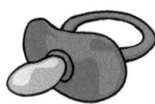

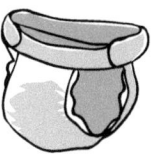

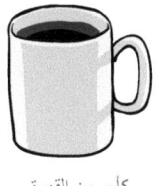

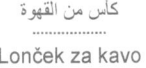

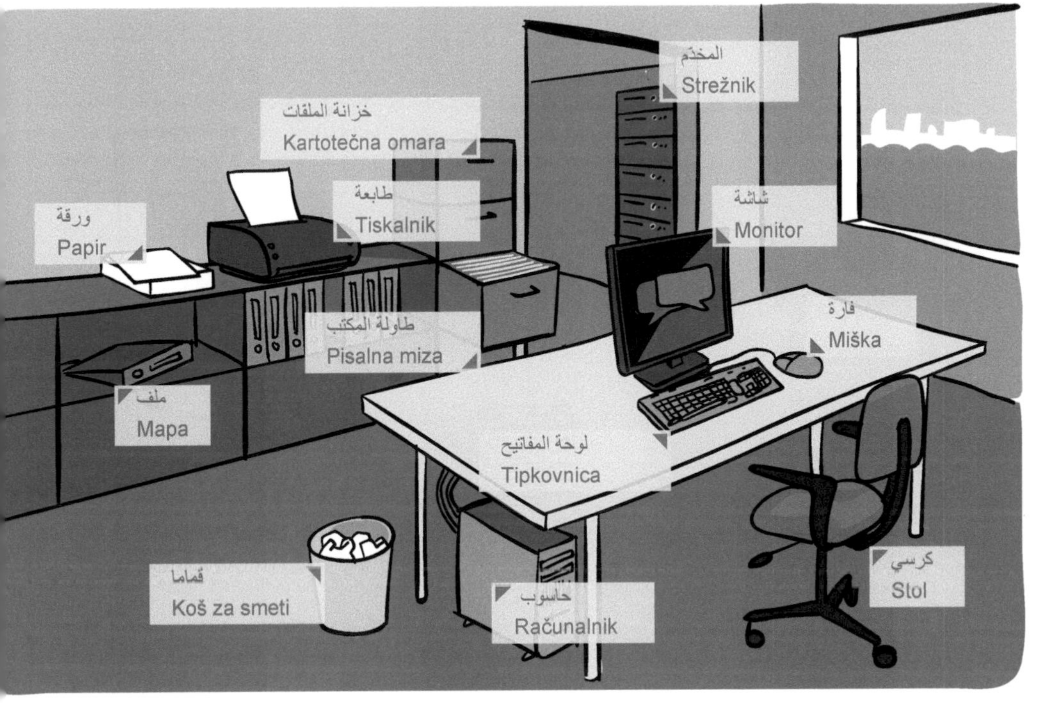

المخدّم
Strežnik
خزانة الملفات
Kartotečna omara
طابعة
Tiskalnik
ورقة
Papir
شاشة
Monitor
فارة
Miška
طاولة المكتب
Pisalna miza
ملف
Mapa
لوحة المفاتيح
Tipkovnica
قمامة
Koš za smeti
حاسوب
Računalnik
كرسي
Stol

كأس من القهوة

Lonček za kavo

الآلة الحاسبة

Kalkulator

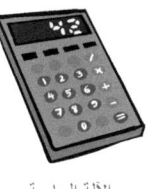

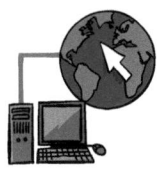

الإنترنت

Internet

الحاسوب المحمول

Prenosnik

رسالة

Pismo

خبر

Sporočilo

الهاتف المحمول

Mobilnik

شبكة

Omrežje

جهاز تصوير

Kopirni stroj

البرمجيات

Programska oprema

هاتف

Telefon

مقبس كهربائي

Vtičnica

فاكس

Telefaks

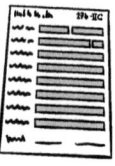

استمارة

Obrazec

وثيقة

Dokument

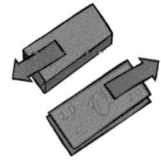

يَشْتَري

Kupiti

يدفع

Plačati

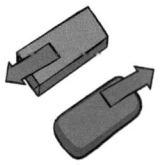

يتاجر

Trgovati

مال

Denar

دولار

Dolar

يورو

Evro

ين

Jen

روبل

Rubelj

فرنك سويسري

Švičarski frank

يوان

Kitajski juan renminbi

روبية

Rupija

صرّاف آلي

Bankomat

مكتب صرافة

Menjalnica

ذهب

Zlato

فضة

Srebro

نفط

Nafta

طاقة

Energija

سعر

Cena

عقد

Pogodba

ضريبة

Davek

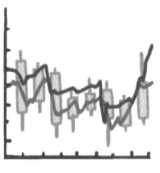

سهم

Delnice

يعمل

Delati

موظف

Delojemalec

رب العمل

Delodajalec

مصنع

Tovarna

متجر

Trgovina

المِهَن

Poklici

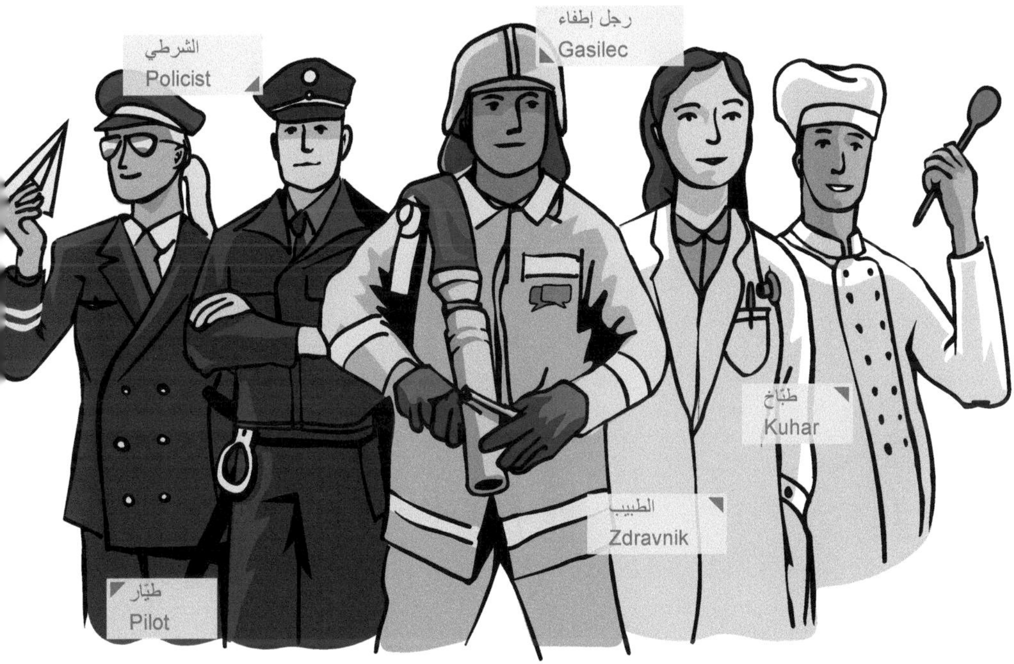
الشرطي
Policist
رجل إطفاء
Gasilec
طبّاخ
Kuhar
الطبيب
Zdravnik
طيّار
Pilot

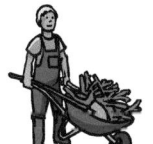

بستاني

Vrtnar

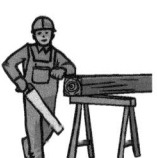

نجّار

Mizar

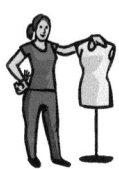

خيّاطة

Šivilja

قاضٍ

Sodnik

كيميائي

Kemik

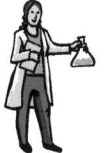

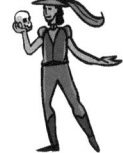

ممثّل

Igralec

سائق حافلة

Voznik avtobusa

سائق تاكسي

Taksist

صياد سمك

Ribič

أجيرة للتنظيف

Čistilka

بنّاء سقف

Krovec

نادل

Natakar

صيّاد

Lovec

رسّام

Pleskar

خبّاز

Pek

كهربائي

Električar

عامل بناء

Gradbenik

مهندس

Inženir

لحّام

Mesar

سمكري

Vodovodni inštalater

ساعي البريد

Poštar

جندي

Vojak

مهندس معماري

Arhitekt

أمين صندوق

Blagajnik

بائع الزهور

Cvetličar

حلاق

Frizer

مراقب القطار

Sprevodnik

ميكانيكي

Mehanik

قبطان

Kapitan

طبيب أسنان

Zobozdravnik

رجل العلم

Znanstvenik

حاخام

Rabin

إمام

Imam

راهب

Menih

كاهن

Duhovnik

عدة عمل
Orodje

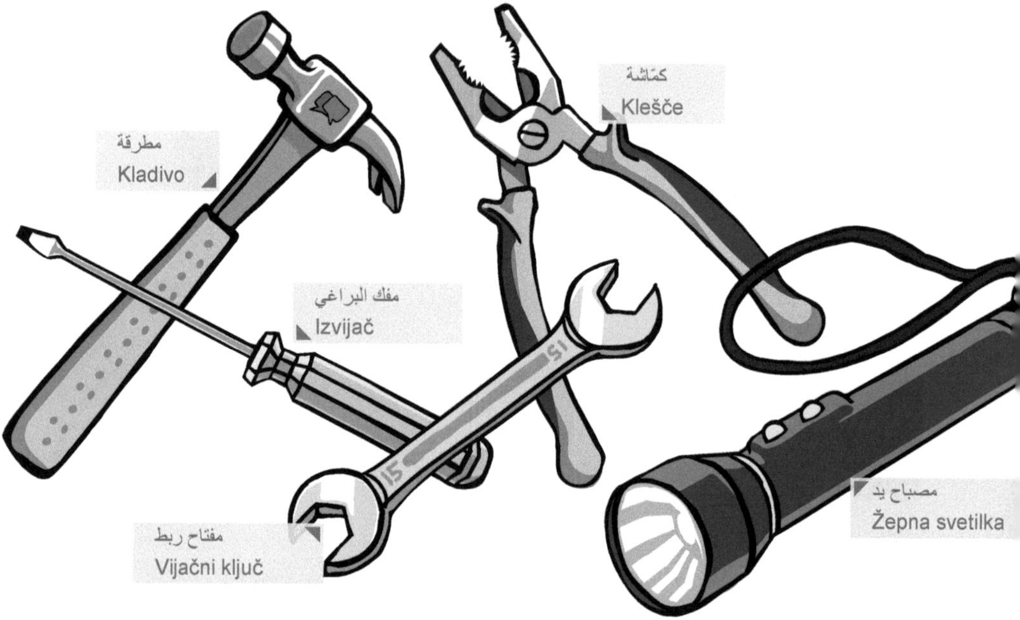

مطرقة
Kladivo
كمّاشة
Klešče
مفك البراغي
Izvijač
مفتاح ربط
Vijačni ključ
مصباح يد
Žepna svetilka

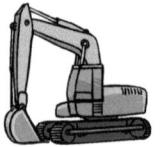

جرافة

Bager

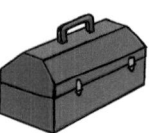

صندوق العدة

Zaboj z orodjem

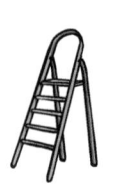

سلّم

Lestev

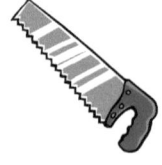

منشار

Žaga

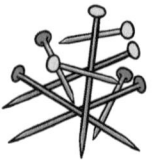

مسامير

Žeblji

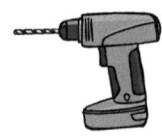

مثقب

Vrtalnik

يصلح

Popraviti

مجرفة

Lopata

اللعنة

Šment!

لقاطة الكناسة

Smetišnica

سطل الألوان

Posoda z barvo

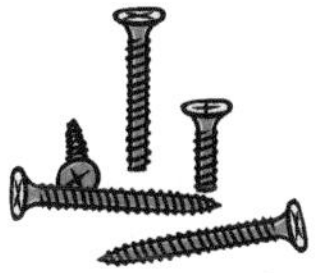

براغي

Vijaki

آلات موسيقية

Glasbeni instrument

مكبر الصوت
Zvočnik

آلات الإيقاع
Tolkala

كمان أجهر
Kontrabas

بوق
Trobenta

غيتار
Kitara

بيانو

Klavir

كمنجة

Violina

جهير

Bas kitara

طبل كبير

Pavke

طبل

Bobni

بيانو كهرباني

Sintetizator

ساكسوفون

Saksofon

ناي

Flavta

ميكروفون

Mikrofon

حديقة حيوانات
Živalski vrt

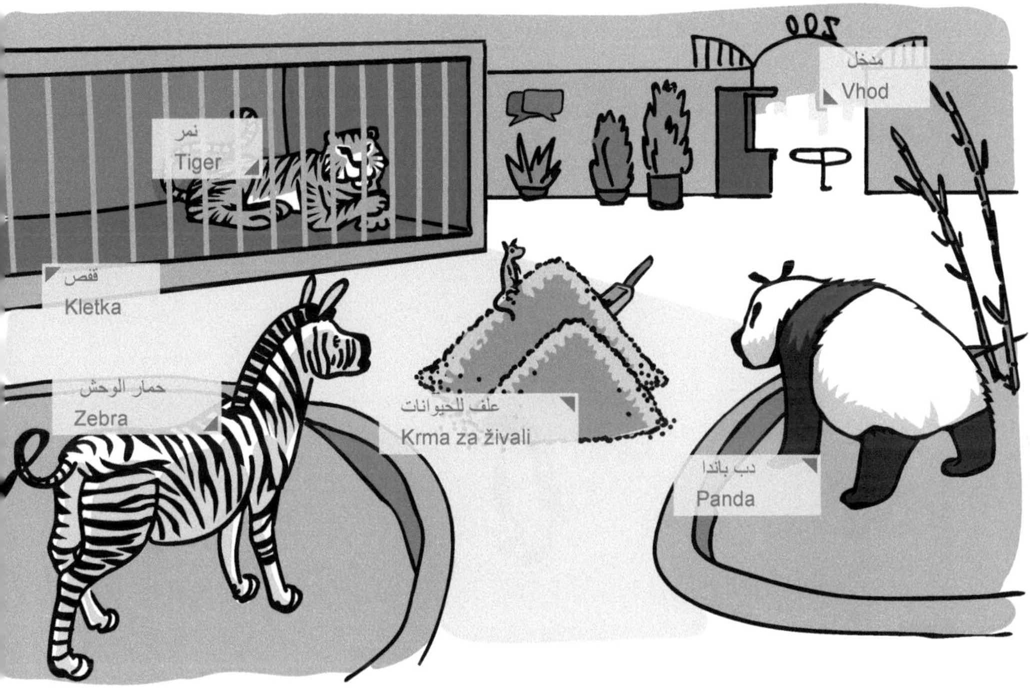
مدخل
Vhod
نمر
Tiger
قفص
Kletka
حمار الوحش
Zebra
علف للحيوانات
Krma za živali
دب باندا
Panda

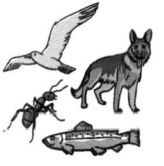

حيوانات

Živali

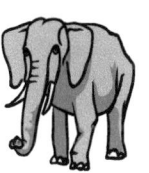

فيل

Slon

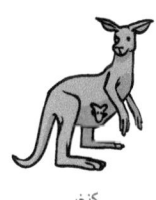

كنغر

Kenguru

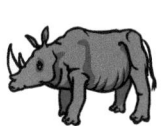

وحيد القرن

Nosorog

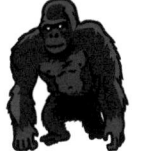

غوريلا

Gorila

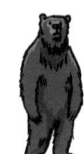

دب

Medved

جمل

Kamela

نعامة

Noj

أسد

Lev

قرد

Opica

طائر فلامينغو

Plamenec

ببغاء

Papagaj

دب قطبي

Severni medved

بطريق

Pingvin

سمك القرش

Morski pes

طاووس

Pav

أفعى

Kača

تمساح

Krokodil

حارس في حديقة الحيوان

Oskrbnik v živalskem vrtu

عجل البحر

Tjulenj

نمر أمريكي مرقط

Jaguar

فرس قزم
Poni

نمر
Leopard

فرس النهر
Povodni konj

زرافة
Žirafa

نسر
Orel

خنزير برّي
Divji prašič

سمك
Riba

سلحفاة
Želva

حيوان فظ البحري
Mrož

ثعلب
Lisica

غزال
Gazela

Šport

كرة القدم الأمريكية
Ameriški nogomet

ركوب الدراجات
Kolesarjenje

كرة التنس
Tenis

كرة السلة
Košarka

السباحة
Plavanje

الملاكمة
Boks

هوكي الجليد
Hokej

كرة القدم
Nogomet

الريشة الطائرة
Badminton

ألعاب القوى الخفيفة
Atletika

كرة اليد
Rokomet

التزلج على الثلج
Smučanje

بولو
Polo

نشاطات

Dejavnosti

يقفز
Skočiti
يعانق
Objeti
يضحك
Smejati se
يمشي
Hoditi
يغنّي
Peti
يحلم
Sanjati
يصلّي
Moliti
يقبّل
Poljubiti

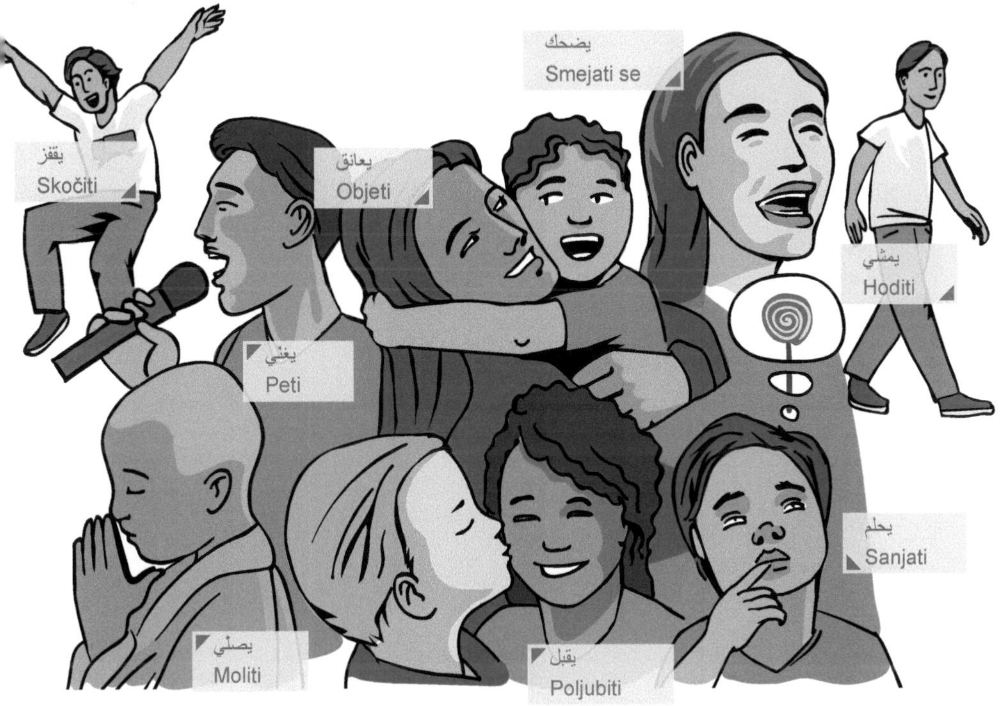

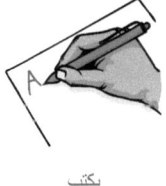

يكتب

Pisati

يرسم

Risati

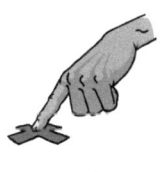

يُري

Pokazati

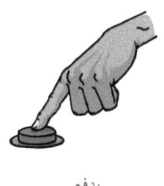

يدفع

Potisniti

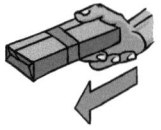

يعطي

Dati

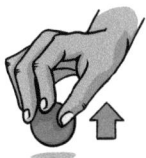

يأخذ

Vzeti

يملك

Imeti

يعمل

Narediti

يوجد

Biti

يقف

Stati

يركض

Teči

يسحب

Vleči

يرمي

Vreči

يقع

Pasti

يستلقي

Ležati

ينتظر

Čakati

يحمل

Nositi

يجلس

Sedeti

يلبس

Obleči se

ينام

Spati

يستيقظ

Zbuditi se

ينظر إلى ..

Gledati

يبكي

Jokati

يمسّد

Božati

يمشّط

Česati se

يتكلم

Govoriti

يفهم

Razumeti

يسأل

Vprašati

يسمع

Poslušati

يشرب

Piti

يأكل

Jesti

يرتب

Pospraviti

يحب

Ljubiti

يطبخ

Kuhati

يقود

Voziti

يطير

Leteti

يبحر بزورق شراعي

Jadrati

يحسب

Računanje

يقرأ

Brati

يتعلم

Učiti se

يعمل

Delati

يتزوج

Poročiti se

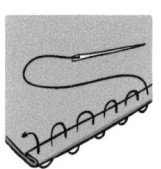

يخيط

Šivati

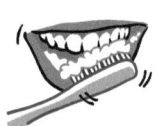

ينظف أسنانه

Ščetkati si zobe

يقتل

Ubiti

يدخّن

Kaditi

يرسل

Poslati

عائلة
Družina

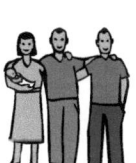

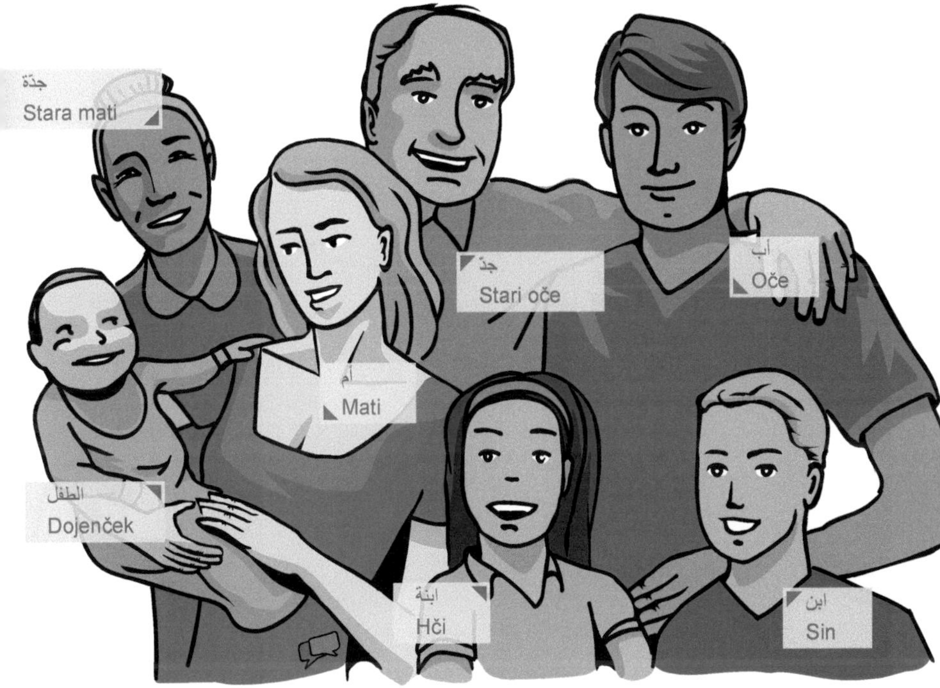
جدّة
Stara mati
جدّ
Stari oče
أب
Oče
أم
Mati
الطفل
Dojenček
ابنة
Hči
ابن
Sin

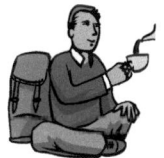

ضيف

Gost

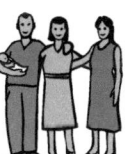

عمّة / خالة

Teta

عمّ / خال

Stric

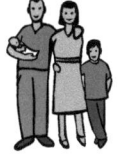

أخ

Brat

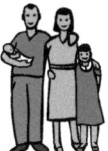

أخت

Sestra

الجسم
Telo

الجبين
Čelo
العين
Oko
الكتف
Rama
الإصبع
Prst
الوجه
Obraz
الذقن
Brada
اليد
Dlan
الساق
Noga
الصدر
Prsi
الذراع
Roka

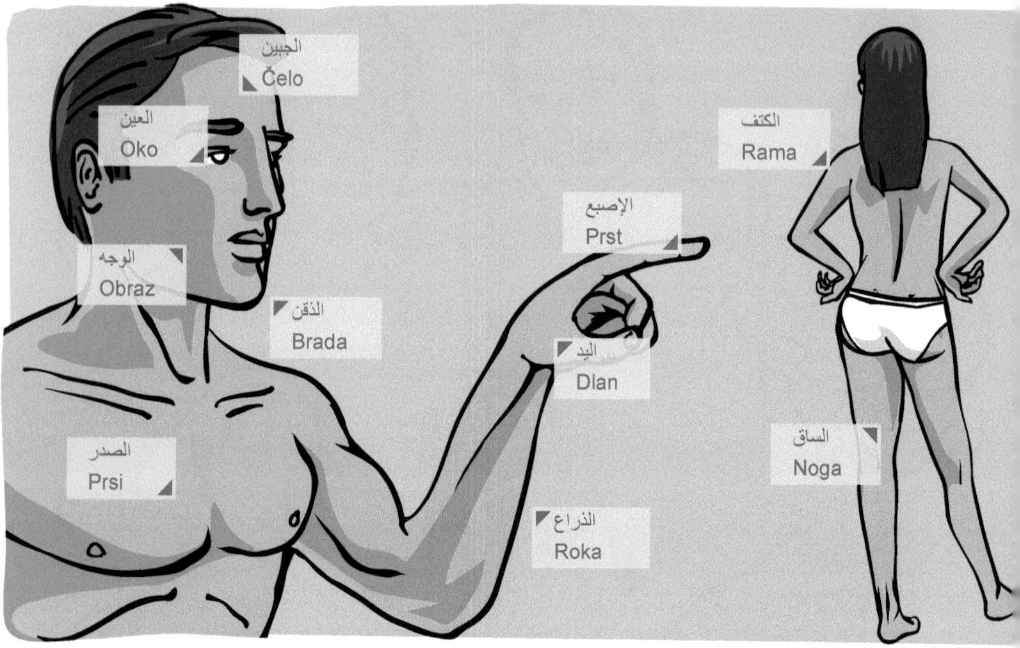

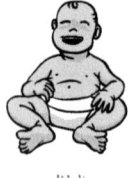

الطفل

Dojenček

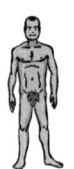

الرجل

Človek

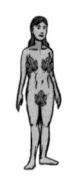

المرأة

Ženska

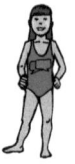

البنت

Dekle

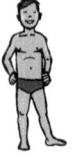

الولد

Fant

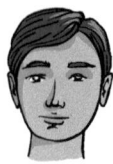

الرأس

Glava

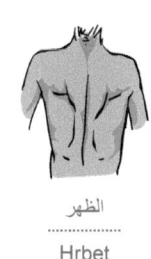

الظهر

Hrbet

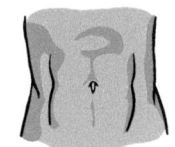

البطن

Trebuh

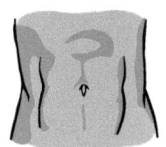

السُرَة

Popek

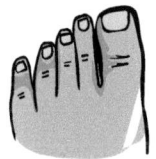

إصبع القدم

Prst na nogi

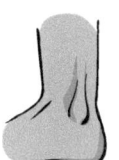

الكعب

Peta

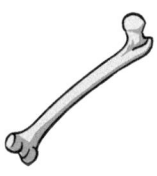

العظم

Kost

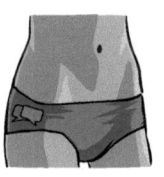

الورك

Kolk

الركبة

Koleno

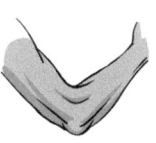

المرفق

Komolec

الأنف

Nos

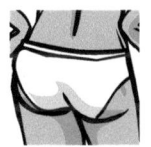

العَجُز

Zadnjica

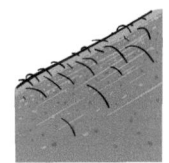

البشرة

Koža

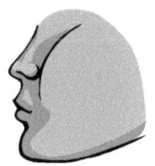

الخد

Lice

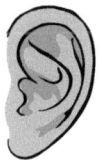

الأذن

Uho

الشفة

Ustnica

الفم

Usta

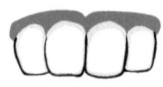

السن

Zob

اللسان

Jezik

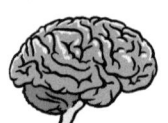

الدماغ

Možgani

القلب

Srce

العضلة

Mišica

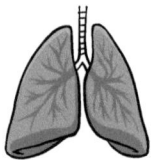

الرئة

Pljuča

الكبد

Jetra

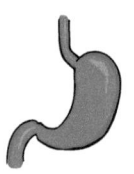

المعدة

Želodec

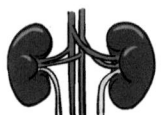

الكلى

Ledvice

الاتصال الجنسي

Spolni odnos

الواقي المطاطي

Kondom

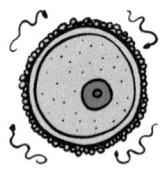

البويضة

Jajčece

المنيّ

Semenska tekočina

الحمل

Nosečnost

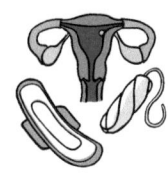

الحيض

Menstruacija

المهبل

Vagina

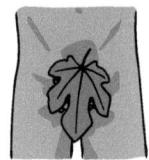

القضيب

Penis

الحاجب

Obrv

الشعر

Lasje

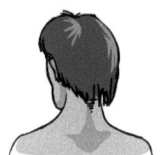

الرقبة

Vrat

المستشفى
Bolnišnica

المستشفى
Bolnišnica
سيارة الإسعاف
Reševalno vozilo
الكرسي المتحرك
Invalidski voziček
كسر
Zlom

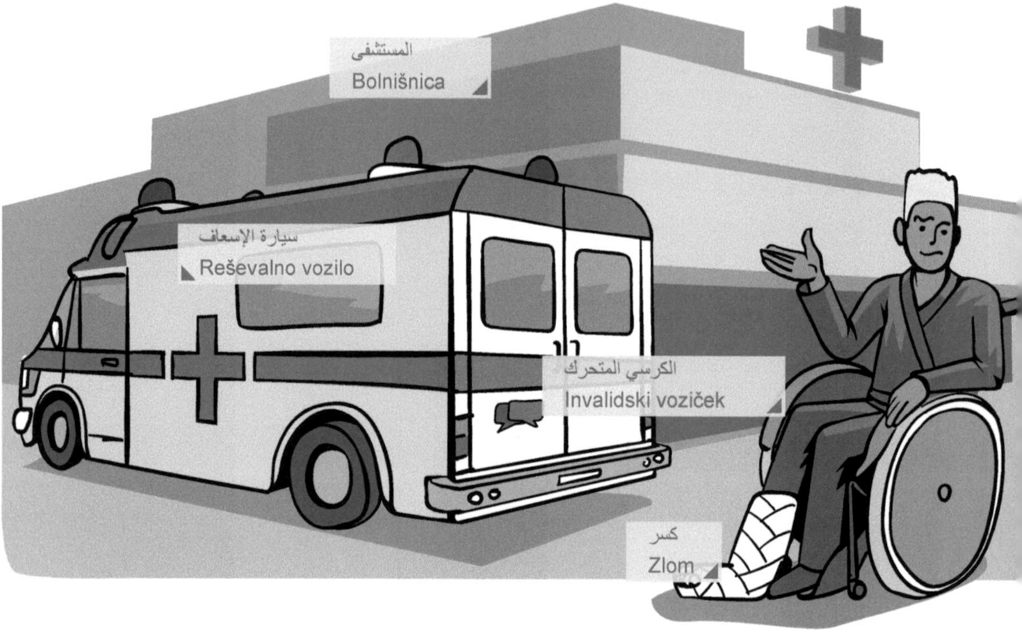

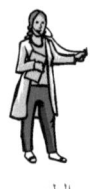

الطبيب
Zdravnik

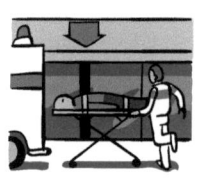

غرفة الإسعاف
Urgenca

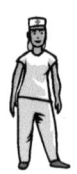

الممرضة
Medicinska sestra

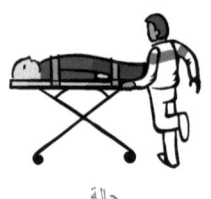

حالة
Nujni primer

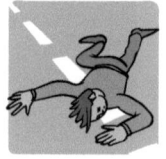

مغمى عليه
Nezavesten

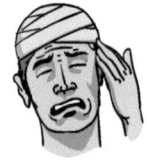

الألم
Bolečina

إصابة

Poškodba

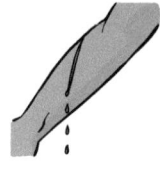

النزيف

Krvavenje

احتشاء القلب

Srčni infarkt

جلطة

Kap

حسسية

Alergija

السعال

Kašelj

الحُمّى

Vročina

إنفلونزا

Gripa

الإسهال

Driska

وجع الراس

Glavobol

السرطان

Rak

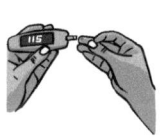

مرض السكر

Sladkorna bolezen

جرّاح

Kirurg

مبضع

Skalpel

عملية

Operacija

سيتي سكان

CT

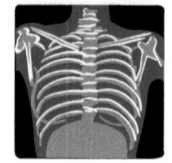

الأشعة السينية

Rentgen

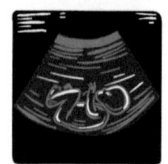

فوق الصوتي

Ultrazvok

القناع

Obrazna maska

المرض

Bolezen

غرفة الانتظار

Čakalnica

العُكّاز

Bergla

شريط لاصق

Obliž

ضماد

Preveza

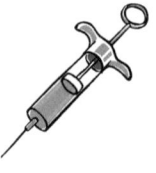

حقنة

Injekcija

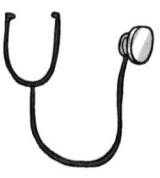

سمّاعة الطبيب

Stetoskop

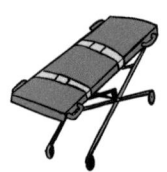

نقالة

Nosila

ميزان حرارة

Klinični termometer

ولادة

Porod

وزن زائد

Prekomerna teža

جهاز السمع

Slušni pripomoček

المواد المعقّمة

Razkužilo

عدوى

Okužba

فيروس

Virus

الإيدز

HIV / AIDS

الطب

Medicina

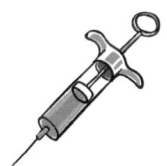

اللقاح

Cepljenje

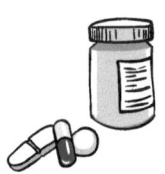

أقراص الدواء

Tablete

حبّة الدواء

Tableta

نداء النجدة

Klic v sili

مقياس ضغط الدم

Merilnik krvnega tlaka

مريض / صحيح

bolano / zdravo

النجدة!

Na pomoč!

إنذار

Alarm

اعتداء

Napad

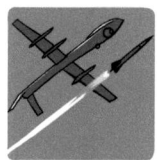

هجوم

Napad

خطر

Nevarnost

مخرج طوارئ

Izhod v sili

حريق!

Gori!

جهاز الإطفاء

Gasilni aparat

حادث

Nezgoda

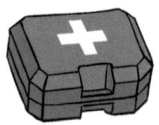

حقيبة الإسعاف الأولي

Komplet za prvo pomoč

أنقذونا

SOS

الشرطة

Policija

أوروبا

Evropa

أمريكا الشمالية

Severna Amerika

أمريكا الجنوبية

Južna Amerika

أفريقيا

Afrika

آسيا

Azija

أستراليا

Avstralija

المحيط الأطلسي

Atlantski ocean

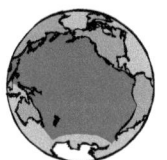

المحيط الهادي

Tihi ocean

المحيط الهندي

Indijski ocean

المحيط المتجمد الجنوبي

Južni ocean

المحيط المتجمد الشمالي

Arktični ocean

القطب الشمالي

Severni tečaj

القطب الجنوبي
....
Južni tečaj

منطقة القطب الجنوبي
....
Antarktika

أرض
....
Zemlja

بر
....
Kopno

بحر
....
Morje

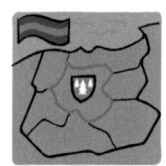

جزيرة
....
Otok

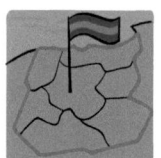

أمة
....
Narod

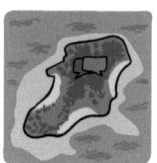

دولة
....
Država

ميناء الساعة
....
Številčnica

عقرب الساعات
....
Urni kazalec

عقرب الدقائق
....
Minutni kazalec

عقرب الثواني
....
Sekundni kazalec

كم الساعة الآن؟
....
Koliko je ura?

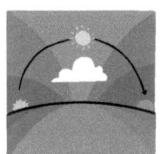

يوم
....
Dan

زمن
....
Čas

الآن
....
Zdaj

ساعة رقمية
....
Digitalna ura

دقيقة
....
Minuta

ساعة
....
Ura

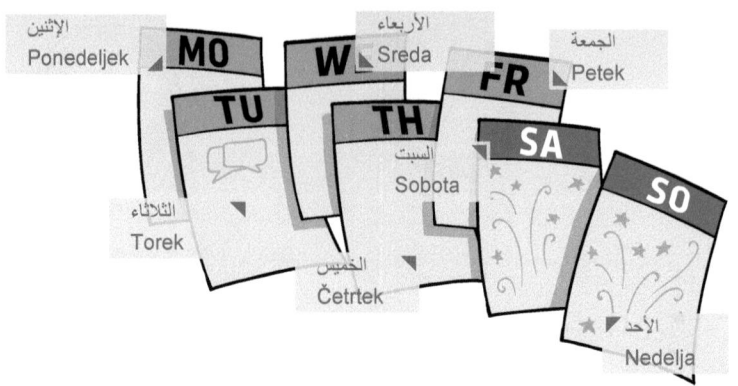

الإثنين
Ponedeljek

الأربعاء
Sreda

الجمعة
Petek

الثلاثاء
Torek

السبت
Sobota

الخميس
Četrtek

الأحد
Nedelja

الأمس
Včeraj

اليوم
Danes

غداً
Jutri

الصباح
Jutro

الظهر
Poldne

المساء
Večer

أيام العمل
Delovni dnevi

نهاية الأسبوع
Konec tedna

سنة
Leto

مطر
Dež
قوس قزح
Mavrica
ريح
Veter
ثلج
Sneg
الربيع
Pomlad
الصيف
Poletje
الخريف
Jesen
الشتاء
Zima

4.APRIL 11°
5.APRIL 4°
6.APRIL 13°
7.APRIL 8°
8.APRIL 10°

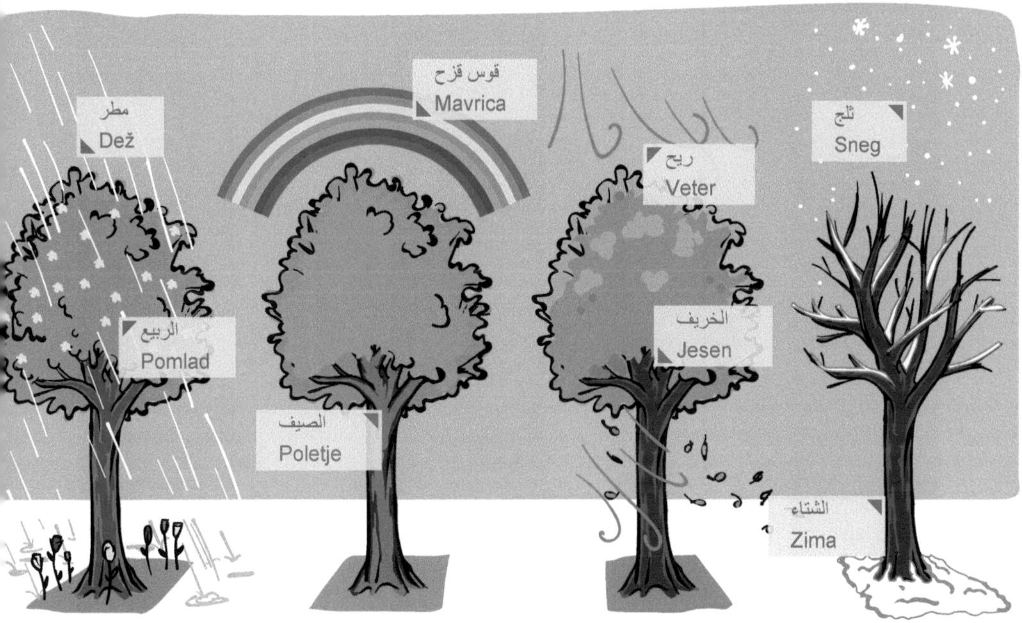

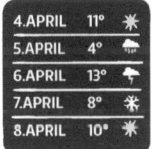

التنبؤ بالحالة الجوية
....
Vremenska napoved

F C
120 90 60 30 0 -30
40 30 20 10 0 -10 -20

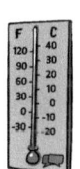

مقياس حرارة
....
Termometer

ضوء الشمس
....
Sončna svetloba

سحابة
....
Oblak

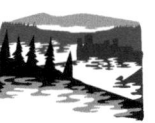

ضباب
....
Megla

رطوبة الجو
....
Vlažnost

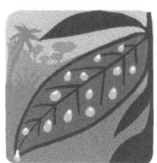

برق

Strela

رعد

Grom

عاصفة

Nevihta

بَرَد

Toča

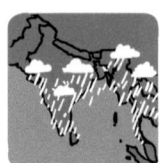

ريح موسمية

Monsun

طوفان

Poplava

جليد

Led

كانون الثاني / يناير

Januar

شباط / فبراير

Februar

آذار / مارس

Marec

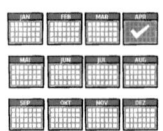

نيسان / أبريل

April

أيار / مايو

Maj

حزيران / يونيو

Junij

تموز / يوليو

Julij

آب / أغسطس

Avgust

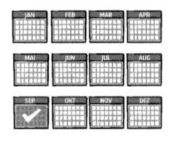

أيلول / سبتمبر
....
September

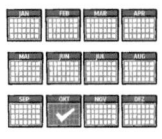

تشرين الأول / أكتوبر
....
Oktober

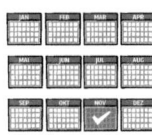

تشرين الثاني / نوفمبر
....
November

كانون الأول / ديسمبر
....
December

دائرة
....
Krogla

مربّع
....
Kvadrat

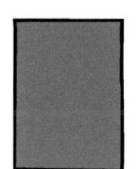

مستطيل
....
Pravokotnik

مثلّث
....
Trikotnik

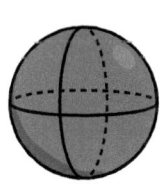

كرة
....
Krogla

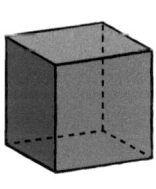

مكعب
....
Kocka

أبيض

Bela

أصفر

Rumena

برتقالي

Oranžna

وردي

Rožnata

أحمر

Rdeča

بنفسجي

Vijolična

أزرق

Modra

أخضر

Zelena

بنّي

Rjava

رمادي

Siva

أسود

Črna

كثير / قليل

veliko / malo

غضبان / هادئ

jezno / umirjeno

جميل / قبيح

lepo / grdo

بداية / نهاية

začetek / konec

كبير / صغير

veliko / majhno

فاتح / قاتم

svetlo / temno

أخ / أخت

brat / sestra

نظيف / وسخ

čisto / umazano

كامل / ناقص

popolno / nepopolno

نهار / ليل

dan / noč

ميت / حيّ

mrtvo / živo

عريض / ضيّق

široko / ozko

صالح للأكل / غير صالح

užitno / neužitno

شرّير / لطيف

zlobno / prijazno

مثير / ممل

vznemirjeno / zdolgočaseno

سمين / نحيف

debelo / vitko

أولا / أخيراً

prvo / zadnje

صديق / عدو

prijatelj / sovražnik

مليء / فارغ

polno / prazno

صلب / ليّن

trdo / mehko

ثقيل / خفيف

težko / lahko

جوع / عطش

lakota / žeja

مريض / صحيح

bolano / zdravo

غير شرعي / شرعي

nezakonito / zakonito

ذكي / غبي

pametno / neumno

يسار / يمين

levo / desno

قريب / بعيد

blizu / daleč

جديد / مستعمل

novo / rabljeno

لا شيء / بعض الشيء

nič / nekaj

مسن / شاب

staro / mlado

يشعل / يطفئ

vklopljeno / izklopljeno

مفتوح / مغلق

odprto / zaprto

خافت / عالٍ

tiho / glasno

غني / فقير

bogato / revno

صح / خطأ

prav / narobe

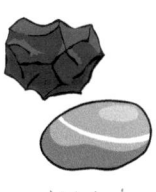

أحرش / املس

grobo / gladko

حزين / سعيد

žalostno / veselo

قصير / طويل

kratko / dolgo

بطيء / سريع

počasi / hitro

مبلول / جاف

mokro / suho

ساخن / بارد

toplo / hladno

حرب / سلم

vojna / mir

0	**1**	**2**
صفر	واحد	اثنان
Ničla	Ena	Dva

3	**4**	**5**
ثلاثة	أربعة	خمسة
Tri	Štiri	Pet

6	**7**	**8**
ستة	سبعة	ثمانية
Šest	Sedem	Osem

9	**10**	**11**
تسعة	عشرة	أحد عشر
Devet	Deset	Enajst

12

اثنا عشر

Dvanajst

13

ثلاثة عشر

Trinajst

14

أربعة عشر

Štirinajst

15

خمسة عشر

Petnajst

16

ستة عشر

Šestnajst

17

سبعة عشر

Sedemnajst

18

ثمانية عشر

Osemnajst

19

تسعة عشر

Devetnajst

20

عشرون

Dvajset

100

مائة

Sto

1.000

ألف

Tisoč

1.000.000

مليون

Milijon

الإنكليزية

Angleščina

الإنكليزية الأمريكية

Ameriška angleščina

لغة ماندارين الصينية

Mandarinščina

الهندية

Hindujščina

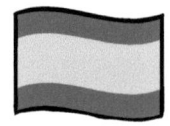

الإسبانية

Španščina

الفرنسية

Francoščina

العربية

Arabščina

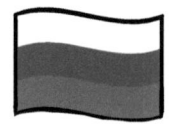

الروسية

Ruščina

البرتغالية

Portugalščina

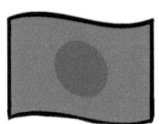

البنغالية

Bengalščina

الألمانية

Nemščina

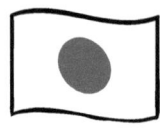

اليابانية

Japonščina

أنا

Jaz

أنت

Ti

هو / هي

On / ona / tisto

نحن

Mi

أنتم

Vi

هم

Oni

من؟

Kdo?

ماذا؟

Kaj?

كيف؟

Kako?

أين؟

Kje?

متى؟

Kdaj?

اسم

Ime

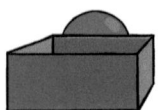

خلف
....
Zadaj

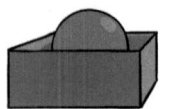

في
....
V

أمام
....
Pred

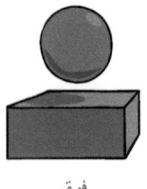

فوق
....
Nad

على
....
Na

تحت
....
Pod

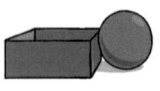

جنب
....
Poleg

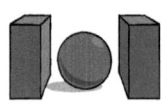

بين
....
Med

مكان
....
Kraj